MYŚLI PRZY KAWIE

Grace Carter/Grażyna Kaczyńska

BALBOA.
PRESS
A DIVISION OF HAY HOUSE

Balboa Press books may be ordered through booksellers or by contacting:

Balboa Press
A Division of Hay House
1663 Liberty Drive
Bloomington, IN 47403
www.balboapress.com
1 (877) 407-4847

Because of the dynamic nature of the Internet, any web addresses or
links contained in this book may have changed since publication and may
no longer be valid. The views expressed in this work are solely those
of the author and do not necessarily reflect the views of the publisher,
and the publisher hereby disclaims any responsibility for them.

The author of this book does not dispense medical advice or prescribe the
use of any technique as a form of treatment for physical, emotional, or medical
problems without the advice of a physician, either directly or indirectly. The
intent of the author is only to offer information of a general nature to help you
in your quest for emotional and spiritual well-being. In the event you use any
of the information in this book for yourself, which is your constitutional right,
the author and the publisher assume no responsibility for your actions.

Any people depicted in stock imagery provided by Thinkstock are models,
and such images are being used for illustrative purposes only.
Certain stock imagery © Thinkstock.

Printed in the United States of America.

ISBN: 978-1-4525-8307-5 (sc)
ISBN: 978-1-4525-8309-9 (hc)
ISBN: 978-1-4525-8308-2 (e)

Library of Congress Control Number: 2013917416

Balboa Press rev. date: 11/19/2013

Książkę tę poświęcam Panu Bogu i Rodzicom,
Bez których ona by nie powstała;

Oraz mojemu synowi, Błażejowi Kaczyńskiemu,
Który swoim dobrym sercem i zdrowym rozsądkiem
Czyni moje życie bogatszym.

Wszyscy chętnie gawędzimy:

przy stole, w kuchni, na podwórku, w parku, restauracji, sklepie, na randce, w drodze, pracy czy podróży...

Rozmawiamy:

o wielu rzeczach, ludziach, sytuacjach, problemach...

Lubimy zagłębiać się w mniej lub bardziej ważne sprawy:

polityczne, społeczne, rodzinne, religijne, sąsiedzkie, przyjacielskie, żywieniowe, pogodowe, telewizyjne, muzyczne, romantyczne, medyczne, historyczne, rządowe, ekonomiczne............

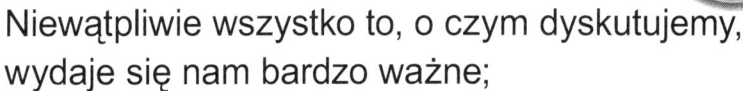

Niewątpliwie wszystko to, o czym dyskutujemy,
wydaje się nam bardzo ważne;

W przeciwnym razie nie mówilibyśmy o tym.

Moja książka jest próbą spojrzenia
na życie i jego zagadnienia z trochę innego
punktu widzenia.

Każda z moich myśli jest życiową mądrością,
która warta jest zastanowienia, przemyślenia,
czasami warta przedyskutowania...

choćby przy kawie...

nawet jeśli tylko… ze sobą samym.

Każda z myśli nadawałaby się
na osobny temat książki lub
... bogaty wykład.

Do czego można by moje „Myśli..." porównać?

To tak jak w samochodzie:

Albo jest się kierowcą,
albo pasażerem;

Albo się decyduje,
albo tylko obserwuje.

Czy słyszałeś powiedzenie:

„Punkt widzenia zależy od punktu siedzenia"?

W tym przypadku mamy do czynienia z dwiema
- lub więcej - możliwościami:

bycia kierowcą,

pasażerem siedzącym z przodu

lub pasażerem znajdującym się z tyłu.

Jeśli chodzi o Twoje własne życie -

Proponuję Ci przesiąść się

Ze strony pasażerskiej za kierownicę!

Życie jest podróżą!

Zamiast być tylko biernym obserwatorem –

Bądź kierowcą!

Życie przemija szybko.

Czasu nie da się odwrócić,
           Odwlec
           Czy zatrzymać;

Z drugiej strony trwa zbyt długo,

    Żeby być tylko jego biernym widzem.

W końcu nie jest to tylko „czyjeś tam życie" –

    Mowa jest o Twoim własnym!

Czy tego chcesz, czy nie –

Życie będzie się toczyć naprzód –

Z Twoim lub...

Bez Twojego udziału.

Jaka w nim będzie Twoja rola –

Zależy wyłącznie od Ciebie

I od tego jak bardzo chcesz

Być w jego plany zaangażowany.

Czy to **Ty** decydujesz?

Czy pozwalasz,

Żeby ktoś inny

Za Ciebie podejmował decyzje?

Nie ma „złej" lub „dobrej" odpowiedzi;

Mogą być tylko niezadawalające rezultaty.

Czujemy się wtedy nieszczęśliwi,

Zawiedzeni,

Rozczarowani,

Pogrążeni w depresji.

Z tego z kolei mogą pojawić się pierwsze oznaki choroby fizycznej takie jak:

Bóle głowy,

Uczulenia,

Osłabienie,

Nerwica,

Bóle w klatce piersiowej, „w karku", „krzyżu",

Wysokie ciśnienie krwi,

Ogólne zniechęcenie do życia,

        (które może doprowadzić
        np. do alkoholizmu…)

Itd…
Itp…

To z kolei może spowodować takie choroby jak:

Cukrzyca,

Zawał serca,

„Wylew",

Depresja,

Reumatyzm,

Kamica nerkowa,

Lupus,

Nowotwory

I...

Wszelkie dolegliwości przewlekłe,

(jeśli problem będzie się ciągnąć długi czas bez rozwiązania jego przyczyn).

I co wtedy zazwyczaj robimy?

Szukamy winnych ...

znajdujemy: I bardzo szybko ich

praca... szkoła... Rząd... Kościół... nasi partnerzy...

dzieci... rodzice... nauczyciele... lekarze...

sąsiedzi... pogoda... wiek... dom... politycy...

ustrój... inne państwa... partie... no i...

                              ... sam Bóg!

Ilu z nas obwinia za swoje

Niepowodzenia –

- Samych siebie?

Przestań być biernym widzem

I… zrób coś!

Zawsze jest dobry czas na…

…zmiany!

Nawet teraz, w tym momencie –

Możesz zmienić

Wszystko!

Sam fakt, że czytasz tę książkę -

Jest wystarczającą podpowiedzią,

Że może jest czas na jakieś zmiany...

... W Twoim życiu!

Może „stary" typ myślenia

Nie spełnia

Pożądanych efektów?

Może nadszedł czas

Na przejęcie

Kierownicy

W swoje ręce?

Życie bowiem nie będzie już tylko czymś,

Co będzie przesuwać się

Za oknami samochodu.

Nagle poczujesz kontrolę

Nad biegiem wydarzeń.

Teraz Ty zadecydujesz gdzie jedziesz,

Jak szybko,

Kto będzie siedział obok Ciebie,

A kto z tyłu;

Gdzie zrobisz postój,

Co zwiedzisz,

Kogo odwiedzisz...

To fakt, że teraz - w nowej roli –

Zmuszony jesteś myśleć,

Działać,

Być odpowiedzialnym

Nie tylko za siebie,

Ale także za wszystkich jadących z Tobą.

Nagroda jednak jest olbrzymia:

TERAZ TO TY MASZ KONTROLĘ:

Nad swoim życiem,

Swoja rolą w nim,

Swoimi decyzjami

I metodami dojścia do celu.

Nie marnuj więc jednej chwili

Na żałowanie wydarzeń

… Z przeszłości.

Nie martw się też za bardzo przyszłością,

Bo nigdy nie wiadomo

Czy nadejdzie.

Ciesz się każdą bieżącą chwilą...

Korzystaj z życia!

Żyj mądrze.

Kieruj się rozumem,

Ale jeszcze bardziej… **sercem!**

Nie lekceważ podpowiedzi swego

„Wewnętrznego Głosu".

Kochaj ludzi,

Zwierzęta,

Przyrodę.

Szanuj wszystko

Co Cię otacza.

Pytaj o opinię innych,

Słuchaj ich,

Podziękuj,

Rozważ

I zrób...

Co słuszne i dobre dla Ciebie.

Pamiętaj,

że to **Ty** jesteś odpowiedzialny za:

Swój los,

Szczęście,

Sukces

I satysfakcję życiową;

................**Bądź ich brak**......................

Mam szczerą nadzieję,

Że książka ta

Przyniesie Ci

Wiele momentów do refleksji...

...Może nawet zmieni Twoje życie.

Wszyscy słyszeliśmy powiedzenia:

„Jesteś kowalem swego szczęścia"

oraz

„Co posiejesz, to zbierzesz".

Kiedy więc myślisz –
Bądź kowalem,

A nie kowadłem;

Kiedy siejesz –
Bądź rolnikiem,

A nie przygodnym

Wiatrem w polu.

Dla Twojego Ciała, Serca i Duszy
- Z Miłością i Szacunkiem -

Autorka książki
Grace Carter/
Grażyna Kaczyńska

Najważniejszy jest

Pierwszy krok.

Musisz go jednak wykonać.

Wszystko zaczyna się

Od jednej zwykłej myśli.

Uważaj więc

O czym myślisz.

Twoje Myśli = Twoja Przyszłość.

Chcesz odmienić przyszłość?

Zmień myśli.

Marzenia często się spełniają.

Uważaj o czym marzysz...

Nie ma „niewłaściwego" momentu

Na zmianę

Swego losu.

Zacznij już dzisiaj!

Uważaj na co narzekasz,

Bo to przyciągasz do siebie.

Przestań narzekać!

Tak jak nie można być

Jednocześnie chorym i zdrowym;

Tak nie można być

W tym samym momencie

Pozytywnym i negatywnym.

Albo jesteś jednym, albo drugim.

Którym Ty jesteś?

W co wierzysz -

Temu pozostajesz wierny.

W co Ty wierzysz?

Upadek

Nie musi być upadkiem...

Jak długo dostrzegasz różnicę...

Twoi przyjaciele

Odzwierciedlają Ciebie.

Czy podoba Ci się co widzisz

W lustrze?

Jak długo mówisz prawdę

I postępujesz słusznie,

Wszystko inne

Ułoży się samo.

Nie jest porażką

Być pokonanym.

Porażką jest

PODDAĆ SIĘ!

Nie ma rzeczy nieosiągalnych.

Pytaniem jest tylko:

Jak bardzo tego pragniesz

I czy wierzysz,

Że możesz to osiągnąć?

Czy wierzysz w samego siebie?

O co prosisz –

To otrzymasz.

Zastanów się najpierw dobrze

Czy o co prosisz

Jest tym, czego naprawdę chcesz...

Czy wiesz czego chcesz?

Staraj się wyglądać jak najlepiej-

To poprawi Twoje samopoczucie

I doda wiary w siebie.

(Może jest pora:

Odwiedzić kosmetyczkę,

Poprawić fryzurę,

Zmienić garderobę ...?)

Zawsze ufaj swemu przeczuciu:

Temu **pierwszemu**,

Nie przemyślanemu;

Nawet wtedy,

Gdy wydaje się,

Że nie ma sensu.

To jest Twój WSN:

Wewnętrzny System Nawigacyjny -

On nie kłamie!

Załóż „Zeszyt Wdzięczności"

I zapisz w nim codziennie

   przynajmniej 5 rzeczy,

   Za które jesteś dzisiaj wdzięczny.

   Natychmiast poczujesz się lepiej!

Za co jesteś wdzięczny

W tej chwili?

1.

2.

3.

4.

5.

Uśmiechaj się,

Nawet wtedy,

Kiedy nie masz na to ochoty.

Poprawi to Twoje samopoczucie.

Nie czujesz się lepiej?

Znaczy, że nie uśmiechałeś się

Wystarczająco długo.

Nie podoba Ci się?

Zmień…

Albo przestań narzekać!

Jesteś architektem swego życia.

Czy dobrze je zaprojektowałeś?

Jeśli nie,

Wnieś poprawki...

Jeżeli o czymś myślisz -

Przyciągasz do siebie;

Jeśli robisz to z pasją -

Staje się o wiele szybciej!

Co jest Twoją pasją?

Każdy moment

Jest świetny,

Żeby zmienić swoją przyszłość.

Zmienisz Myślenie -

- Zmienisz Przyszłość.

Bogactwo to więcej

Niż pieniądze.

W czym leży

Twoje bogactwo?

Myśli kreują słowa.

Słowa kreują czyny.

Czyny kreują przyszłość.

O czym myślisz teraz?

Myśli możemy zmienić.

Słowa raz wypowiedziane -

Niemożliwe są do wycofania.

Uważaj na to co mówisz.

„Dziękuję"

Jest bardzo ważnym słowem.

Używaj go jak najczęściej!

Czego boisz się najbardziej,

Przyswój sobie najlepiej.

Strach przed głęboką wodą?

Naucz się pływać!

Chciałbyś zmienić świat na lepszy?

Zacznij od siebie.

Badź dobrym przykładem!

Ktoś powiedział,

Że nienormalnym jest

Robić ciągle to samo

I oczekiwać innych rezultatów.

Miał rację.

Ważnym jest:

Nie tylko co mówisz…

…*Ale i jak.*

Możesz osiągnąć tylko to,

Co jesteś w stanie

Sobie wyobrazić.

Czy masz dobrą wyobraźnię?

Pytasz

Czy masz dobrą wyobraźnię?

Przyjrzyj się swemu życiu…

I znajdziesz odpowiedź.

W życiu należy próbować

Nowych rzeczy,

Choćby były niewygodne,

Zagadkowe,

Przerażające...

Możesz przyjemnie...

Zaskoczyć się!

Nienawiść

Jest silną trucizną.

Przede wszystkim...

... Dla nienawidzącego.

Czy to Ty

Planujesz swoje życie,

Czy robi to ktoś za Ciebie?

Jeśli to nie Ty,

Upewnij się,

Że te plany uwzgłęniają

Ciebie i Twoje potrzeby.

Dolegliwości fizyczne

Odzwierciedlają

Psychikę.

Powiedz mi co Cię boli,

A ja Ci powiem...

Jakie masz problemy!

Śmiech nie tylko rozwesela,

Ale także leczy.

Śmiej się jak najczęściej!

Nie masz powodów?

Znajdź je -

- Szybko!

Każde doświadczenie życiowe

Można traktować jako:

Komedię

Albo tragedię.

Co Ty wybierzesz?

Czy jesteś sobą,

Czy udajesz kogoś innego?

Jeśli udajesz,

To... kogo?

Kiedy już zdecydujesz się

Powiedzieć komuś „prawdę w oczy" -

Upewnij się najpierw,

Że jest to... prawda.

Prawda...

Najprawdziwsza prawda…

Czy ją kiedykolwiek poznamy?

Strach poraża

I obezwładnia.

Czego Ty się boisz?

Nie tylko ważne jest

Gdzie żyjesz,

Ale i z kim.

Czy sól bez smaku słoności

Jest ciągle solą?

Czy 12/12/12

Był „końcem" świata?

Nic nie pobije bycia szczęśliwym!

Czy jesteś szczęśliwy?

Ciesz się każdym dniem życia,

Śmiej się codziennie,

Kochaj namiętnie…

… Także siebie.

Z każdym końcem

Wiąże się początek.

Zacznij dobrze!

Życie jest niełatwym zadaniem...

Kochaj i szanuj dzieci za ich

Niewinność i brak doświadczenia;

Kochaj i szanuj starszych za ich

Doświadczenie i wykonane zadania;

Kochaj i szanuj zwierzęta

Za ich lojalność

W wykonaniu Twoich zadań...

Twój pies czy kot

       To Twój członek rodziny.

Wzięty: "Na dobre i... na złe",

       Do samego końca...

       *... **Jego lub Twojego.***

Nie masz partnera?

Jak długo masz siebie -

Nie jesteś sam.

Lepiej być samotnym w pojedynkę,

Niż we dwójkę

(...Lub we trójkę!)

Nie sztuką

Być samotnym;

Sztuką jest:

Nie czuć się osamotnionym.

Prostota

To co innego

Niż prostactwo.

Tylko ten,

Co nie robi nic -

Nie popełnia błędów.

„Byle kto jest lepszy niż nic".

Ten, kto to wymyślił,

Zapewne zadowoliłby się

Byle czym.

Kto nie popełnia błędów,

To albo nie robi nic,

Albo już nie żyje.

Nie lubisz

Jego postępowania?

Zmień siebie!

Czy wiesz,

Że przyroda

Ma swoje życie?

Chcesz się czegoś nauczyć -

Przebywaj z nią jak najczęściej!

Żyć z dnia na dzień

To jedno;

Dać czemuś życie -

To zupełnie co innego.

Chcesz się przekonać

Czy zadziała?

Spróbuj!

Dopóki nie spróbujesz -

Nie będziesz wiedział.

Dlaczego ktoś

Miałby wierzyć w Ciebie,

Jeśli Ty

Nie potrafisz uwierzyć

W samego siebie?

Co chciałbyś zrobić za 10 lat -

Zrób teraz.

Za 10 lat może Cię już nie być!

Zdrowe,

Szczęśliwe myśli

Przyniosą …

...Zdrowie i szczęście!

To co nieprzyjemne

I niepotrzebne -

Odłóż za 10 lat;

To co czyni Cię szczęśliwym -

Zacznij już dzisiaj!

Czasu nie da się zawrócić.

Przeszłość należy...

Do przeszłości.

Odpowiednikiem tego co masz -

Jest Twój system przekonania.

Chcesz więcej lub inaczej -

Zmień system!

Żeby coś osiągnąć,

Trzeba wiedzieć

Czego się chce.

Czy Ty wiesz czego chcesz?

Czy wiesz

Gdzie leży odpowiedź

Na wszystkie Twoje pytania?

W Tobie samym!

Nizadowolony?

Nieszczęśliwa?

Nie czekaj!

Zrób coś!

Już dzisiaj!

Nigdy nie obwiniaj nikogo

O swoje niepowodzenia.

Są one Twoje

I tylko Twoje!

Czy wiesz, że limit

Kim możesz w życiu być

I co możesz osiągnąć

Jest stworzony przez

Ciebie

Samego?

Czy wierzysz w powiedzenie:

„Jak Kuba Bogu, tak Bóg Kubie"?

Jeśli tak:

Czyń dobrze,

A dobro powróci do Ciebie…

...*Zwielokrotnione!*

Głupiec szuka szczęścia

Gdzie go nie ma;

Mądry znajduje je,

Gdzie się znajduje.

Czy Ty potrafisz je dostrzec?

Masz wiele przyzwyczajeń?

Dodaj jeszcze jedno:

Być szczęśliwym!

Nieważne jak wielcy jesteśmy;

W porównaniu do Kosmosu -

Wszyscy jesteśmy...

...Ledwo dostrzegalni.

Ze wszystkiego

Najważniejsza jest **Miłość.**

Na tym i na... „tamtym" świecie!

Nie przejmuj się

Co o Tobie myślą;

To Ty wiesz

Co dla Ciebie najlepsze!

Próbuj,

Próbuj,

Próbuj

Aż dojdziesz do celu.

Już wiesz co się stanie,

Jeśli nie spróbujesz...

Los może Ci czasami

        Odebrać wszystko:

Dom,
        Rodzinę,
              Pracę;

Czego nie może Ci odebrać to:

        Twój talent,

        Wyobraźnię

        I wykształcenie.

Rodzimy się

Pełni radości,

Pomysłów

I zapału do życia.

...I gdzie się to podziało?

Lek może uleczyć…

… Albo spowodować śmierć.

Czy wiesz co przyjmujesz?

Pragniesz dobrze wychować

Swoje pociechy?

Nic nie pobije dobrego przkładu...

... Twojego własnego!

Tylko dlatego,

Że wszyscy to robią -

Nie oznacza,

Że to słuszne,

Jedyne

I nie do zastąpienia

Czymś lepszym...

Pamiętaj:

Jesteś unikatem!

Czy potrafisz powiedzieć:

<u>Czym</u>

Różnisz się od innych?

Gdybyś mógł zmienić

W swoim życiu

Jedną rzecz już dzisiaj,

Co by to było?

Nie czekaj -

- Zmień!

Gdy szczęście zapuka

Do Twoich drzwi

Czy zaprosisz je do środka?

Historia jest ważna,

Ale nie zapominaj,

Że jest już historią!

Czy jesteś

Dobrym człowiekiem?

Postanów,

Że będziesz jeszcze lepszym!

Nigdy nie wiesz wszystkiego.

Poświęć czas

Na stałe

Uczenie się czegoś nowego.

Życiowe rezolucje

Trzymaj

W widocznym miejscu.

Czy je masz?

ʃʃʃ

Szanuj

I kochaj wszystkich,

Ale nigdy nie zapominaj...

O sobie!

Czy słowa takie jak:

Nigdy,

Zawsze,

Wszędzie,

Wszyscy,

Nikt,

Nigdzie,

Powinny istnieć?

Co Ty o tym myślisz?

Lubisz ogladać

Filmy przygodowe?

Uczyń swoje życie

Jedną wielką przygodą...

...*Z wymarzonym zakończeniem!*

Pamiętaj,

Że Twoje życie

Jest Twoje...

I nikogo innego!

Czy zastanawiałeś się

Nad tym,

Po co przyszedłeś

Na ten świat?

Nie odkryj tego za późno!

Swoją przyszłość wymaluj

Używając:

Niepowtarzalnych wzorów

I *najpiękniejszych* kolorów!

Czy próbowałeś malować?

Nie inwestuj w nic,

Czego nie rozumiesz.

Dotyczy to

Wszystkich dziedzin życia...

Czy wiesz

Co pewnego dnia

Napiszą

Na Twoim nagrobku?

Ciało pochowają,

Ale imię pozostanie.

Upewnij się,

Że Ci się spodoba...

Idź na spacer.

Świeże powietrze dobrze Ci zrobi...

... Na umysł i serce!

Kiedy pewnego dnia

Staniesz przed Panem Bogiem,

Zada Ci On tylko jedno pytanie:

„Co zrobiłeś dobrego

Dla drugiego człowieka?"

Bądź przygotowany na odpowiedź!

Gimnastykuj się,

Tańcz,

Spaceruj,

Skacz…

Ruszaj się!

Jak coś zaczniesz -

Skończ!

Nie wierzysz w koniec?

Nie zaczynaj!

Zastanów się:

Co byś w życiu chciał robić,

Gdybyś nie potrzebował pieniędzy?

Zacznij to robić...

I pieniądze przyjdą!

Czego chcesz:

Pomyśl,

Zapisz

I zdecyduj,

Że to osiągniesz.

Potem pragnij z całej duszy -

Osiągniesz!

Badź marzycielem!

Badź realistą!

I jedno, i drugie jest

Jednakowo ważne!

Kochaj i szanuj Matkę Ziemię;

Ile Jej dasz -

Tyle otrzymasz w zamian.

Kiedy ostatni raz byłeś

W muzeum lub teatrze?

Dawka kultury

Może być czasami

Najlepszą receptą.

Tęcza składa się

Z siedmiu kolorów.

Czy potrafisz je wymienić?

Każda z barw

Ma specjalne znaczenie.

Czy wiesz jakie?

Nie być ofiarą

Znaczy nie pozwolić nikomu

Mieć władzę

Nad sobą.

Pamięć pozostanie po Tobie…

…Na zawsze.

Postaraj się,

Żeby była jak najlepsza!

Czy jesteś gotowy na zmiany?

Jeśli nie,

Przygotuj się,

Bo nic nie trwa wiecznie...

Ryzyko jest konieczne

Do odniesienia sukcesu.

Czy potrafisz je ponieść?

Pół szklanki wody oznaczać może:

a) szklanka w połowie pusta

b) szklanka w połowie pełna

Wybór należy do Ciebie!

Co Ty wybierzesz?

Życie ma sens

Poprzez niesienie

Pomocy innym.

Jaki jest w tym Twój udział?

Szanuj swoje zdrowie,

Bo to Twój obowiązek.

Czy dbasz o siebie?

W mikrosekundę

Wszystko

Może się zmienić.

Czy jesteś na to przygotowany?

Jaki jest Twój Plan „B"?

„W zdrowym ciele - zdrowy duch".

Raczej odwrotnie:

W zdrowym duchu -

Zdrowe ciało.

Kiedy budzisz się rano:

Czy podoba Ci się gdzie jesteś?

Czy nie możesz doczekać się,

Żeby dzień rozpocząć

Z entuzjazmem?

Jeśli obie odpowiedzi brzmią: "Tak" –

Jesteś we właściwym miejscu

I robisz co powinieneś.

Jeśli jedna z odpowiedzi brzmi: "Nie" –

- Czas na zmiany!!!

Nieważne gdzie jesteśmy...

Jak te bociany

Będziemy powracać

Do Ojczystych Stron

(Choćby tylko w myślach...)

Jest tyle piękna na tym świecie!

Pamiętaj:

Zostało ono stworzone

Dla Ciebie.

NOTATKI

NOTATKI

NOTATKI

22806468R00096

Printed in Great Britain
by Amazon